بَيْتُ الحِكْمة

بِقَلَم: صُبْحي زورا

بِريشة: دانيال فابري

المُحْتَوَيات

Collins

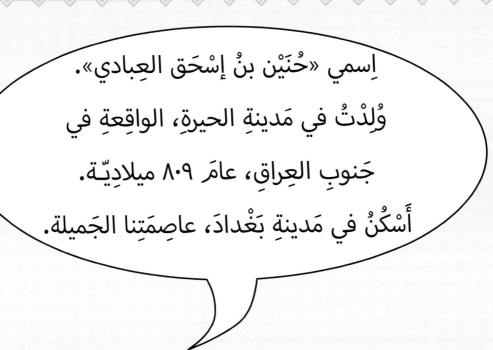

اِسمي «حُنَيْن بنُ إسْحَق العِبادي».

وُلِدْتُ في مَدينةِ الحيرةِ، الواقِعةِ في

جَنوبِ العِراقِ، عامَ ٨٠٩ ميلادِيّة.

أَسْكُنُ في مَدينةِ بَغْدادَ، عاصِمَتِنا الجَميلة.

مَدينةُ بَغْداد

شَيَّدَ الخَليفَةُ العَبّاسِيُّ «أبو جَعْفَر المَنْصور»

مَدينةَ بَغْدادَ في عامِ ٧٦٥ ميلادِيَّةٍ تَقْريبًا.

شَيَّدَها على ضِفَّتَيّ نَهْرِ دِجْلة وَسَطَ العِراق.

تَصَوُّرٌ فَنِّيٌّ لِمَدينةِ بَغْدادَ في عَصْرِ العَبّاسِيّينَ

بَيْتُ الحِكْمة

أَعْمَلُ، حالِيًّا، مَسؤولًا عامًّا عن بَيْتِ الحِكْمةِ في مَدينةِ بَغداد. سابِقًا، كُنْتُ أَعْمَلُ طَبيبًا خاصًّا لِلْخَليفةِ الرّاحِلِ «المُتَوَكِّل» ولِعائِلَتِهِ المُقَرَّبة.

صورةُ مَكْتَبِ الطَّبيبِ، من نُسْخةٍ عَرَبيّةٍ لِكِتابِ «أَدَواتُ الطَّبّ» لِمُؤَلِّفِهِ «ديسقوريدس».

قبل ذلك اربعاون اوفصن نحزن اوردهن اللسان وزنسته عشر

تأسَّسَ «بَيْتُ الحِكْمة» على يَدِ الخَليفةِ هارونَ الرَّشيدِ خِلالَ فَترةِ حُكْمِهِ بَينَ عامَي ٧٨٨ و ٨٠٩ ميلادِيّة.

كانَ الخَليفةُ هارونُ الرَّشيدُ مَشْهورًا بِحُبِّهِ لِلعِلمِ والمَعْرِفةِ ونَشرِ الكُتُبِ العِلمِيّة.

ولِهذا، قَـرَّرَ بِناءَ مُجَمَّعٍ ثَقافِيٍّ كَبيرٍ يَجْمَعُ الكُتُبَ والعُلَماءَ والمُفَكِّرينَ.

أطْلَقَ عَلَيْهِ اسْمَ «بَيْتُ الحِكْمة».

تَصَوُّرٌ فَنِّيٌّ لِلخَليفةِ هارونَ الرَّشيد

كانَ هذا البَيْتُ قَدْ تَأَسَّسَ أَصْلًا كَمَكْتَبَةٍ لِخزنِ الآلافِ
مِنَ الكُتُبِ واحْتِوائها. نُقِلَتْ هذه الكُتُبُ كُلُّها
مِن قَصْرِ الخَليفةِ إلى بَيْتِ الحِكْمة.

تَمَّ ذلك لِتَأمينِ حِفْظِها وحُسْنِ استِعْمالِها
لِلدِّراسةِ والبَحث.

ولكِنْ سُرعانَ ما تَحَوَّلَ هذا البَيْتُ إلى مَركَزٍ حَضارِيٍّ وثَقافِيٍّ مُهِمّ.

وأصْبَحَ، خِلالَ فترةٍ قَصيرةٍ، مُلْتَقًى لِلْعُلَماءِ والمُثَقَّفينَ والمُتَرْجِمينَ.

ذلك كانَ بِفَضْلِ رِعايةِ الخُلَفاءِ لَهُ على مَرِّ العُصور.

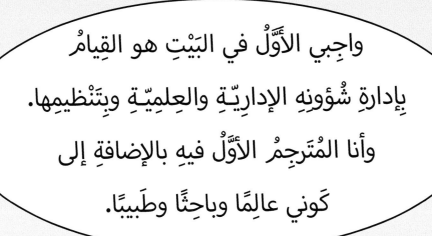

واجِبي الأَوَّلُ في البَيْتِ هو القِيامُ
بِإدارةِ شُؤونِهِ الإدارِيّـةِ والعِلمِيّـةِ وبِتَنْظيمِها.
وأنا المُتَرجِمُ الأَوَّلُ فيهِ بالإضافةِ إلى
كَوني عالِمًا وباحِثًا وطَبيبًا.

يَزورُ البَيْتَ كُلُّ مَن يَرغَبُ في الدِّراسةِ وَيَعْشَقُ البَحثَ والمَعْرِفةَ العِلمِيّة.

لَدَيْنا دِراساتٌ في الطِّبِّ والهَندَسةِ والرِّياضِيّاتِ والكيمْياءِ والأَدَبِ والفُنونِ وغَيْرِها.

أقسامُ البَيْت

لَدَيْنا في بَيْتِ الحِكْمةِ أربَعةُ أقْسامٍ رَئيسِيّة:

- المَكْتَبة

- البَحثُ والتَّأليفُ والتَّرجَمة

- المَدْرَسة

- المَرْصَدُ الفَلَكِيّ

مَكْتَبةُ البَيْت

تَحتَوي على الآلافِ منَ الكُتُبِ المُؤَلَّفةِ والمُترْجَمةِ إلى اللُّغةِ العَربِيّةِ مِن لُغاتٍ أُخْرى.

ولَقَدْ قُمْنا بِتَطويرِ قِسْمٍ خاصٍّ داخِلَ المَكْتَبةِ مَهمَّتُهُ تَجليدُ الكُتُبِ لِلحِفاظِ علَيْها.

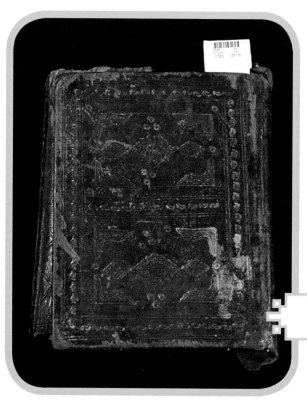

كِتابٌ تاريخِيٌّ مُجَلَّد

البَحثُ والتَّأليف

إنَّ مِن أهَمِّ عَناصِرِ نَجاحِ البَيْتِ البَحثَ والتَّأليف.

لَدَيْنا العَديدُ مِنَ الباحِثينَ والمُؤَلِّفينَ في البَيْت.

وأنا واحِدٌ مِنْهُم.

من أهَمِّ الكُتُبِ الَّتي قُمْتُ بِتَأليفِها:

كِتابُ «العَشْرُ مَقالاتٍ في العَيْنِ»، وكِتابُ «الأَلْوان»،

وكِتابُ «القولُ في حِفظِ الأَسْنانِ واسْتِصْلاحِها».

صورَةٌ من كِتابِ «العَشْرُ مَقالاتٍ في العَيْن»

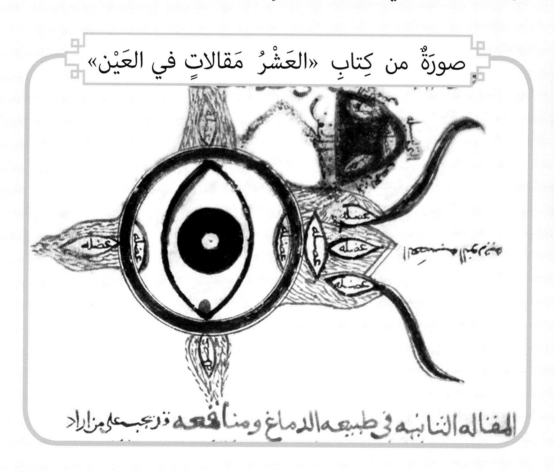

التَّرجَمة

تَخَصَّصْتُ في عِلْمِ التَّرجَمةِ مُنْذُ صِغَري.

لَقَدْ حَصَلْتُ، الآنَ، على لَقَبِ «شَيْخُ التَّرْجَمة».

اِستَعْمَلْتُ خِبرَتي في التَّرجَمةِ ومَعْرِفَتي

لِلُّغاتِ العَرَبِيّةِ والسِّريانِيّةِ والفارِسيّةِ واليَونانِيّة.

كانَ ذلك لِتَطويرِ البَحثِ العِلْمِيِّ وإثْرائهِ

في بَيْتِ الحِكْمةِ وخارِجَه.

بِتَشْجيعٍ منَ الخَليفةِ «المأمون»، نَحنُ نُسافِرُ إلى دُوَلِ الشَّرقِ والغَرب.

نَبْحَثُ عَنِ الكُتُبِ النّادِرةِ لِغَرَضِ جَلبِها إلى بَيْتِ الحِكْمَةِ في بَغْدادَ لِدِراسَتِها وتَرجَمَتِها.

لَقَد حَقَّقْنا في ذلك نَجاحًا باهِرًا.

ولهذا السَّبَبِ، تَطَوَّرَ البَحثُ العِلْمِيُّ لَدَينا بِصورةٍ كَبيرةٍ جِدًّا.

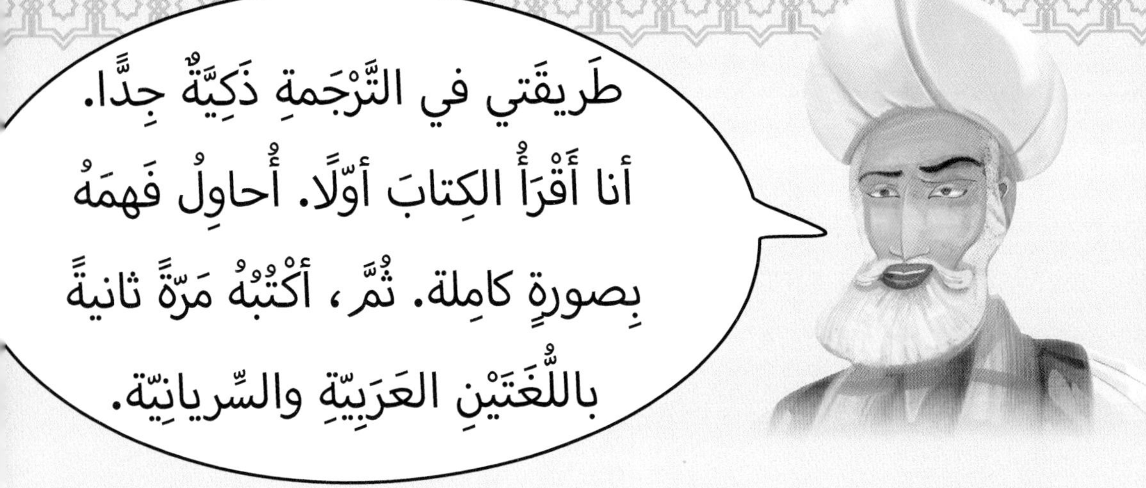

طَرِيقَتي في التَّرْجَمةِ ذَكِيَّةٌ جِدًّا.
أنا أَقْرَأُ الكِتابَ أوّلًا. أُحاوِلُ فَهمَهُ
بِصورةٍ كامِلة. ثُمَّ، أكْتُبُهُ مَرّةً ثانيةً
باللُّغَتَيْنِ العَرَبِيّةِ والسِّريانِيّة.

أكثَرُ الكُتُبِ الَّتي تَرْجَمْتُها كانَتْ مَكْتوبةً أصْلًا باللُّغةِ اليونانِيّةِ أو باللُّغةِ الفارسِيّة.

تَصَوُّرٌ فَنِّيٌّ لِلعالِمِ اليونانيِّ «بطليموس»

منَ الكُتُبِ الَّتي تَرْجَمْتُها كِتابُ «المَجِسطِيّ» لِمُؤلِّفِهِ العالِمِ اليونانيِّ «بطليموس»، وكِتابُ «تَعبيرُ الرُّؤيا» في تَفْسيرِ الأحْلامِ لِمُؤلِّفِهِ العالِمِ «أرطميدورس الإفَسِيّ».

مَدْرَسةُ البَيْت

إنَّ أهَمَّ ما يُمَيِّزُ بَيْتَ الحِكْمَةِ هو أنَّهُ يُمَثِّلُ مَدْرَسةً كامِلة.

يَتِمُّ، في هذه المَدْرَسةِ، تَعليمُ الطَّلَبَةِ وتَثقيفُهُم.

وهكذا يُصْبِحونَ عُلَماءَ ومُفَكِّرينَ وأُساتِذةً مُخْتَصّين.

يَجِبُ على الطَّلَبَةِ قِراءةُ الكُتُبِ وفَهمُها وحِفظُ القُرآنِ الكَريم. كَما أَنَّ عَلَيْهِم دِراسةَ الرِّياضِيّاتِ والعُلومِ والتَّخَصُّصَ في حُقولِ المَعْرِفةِ بِأنْواعِها.

تَتِمُّ، في مُخْتَلِفِ أقْسامِ مَدْرَسةِ البَيْتِ، مُناقَشاتٌ وحِواراتٌ ثَقافِيّة.

يَحْضُرُ هذه الحِواراتِ العَديدُ منَ الطَّلَبةِ والمُتَخَصِّصينَ والباحِثينَ.

وهكذا، أصْبَحَ بَيْتُ الحِكْمةِ مَصْدَرًا مُنيرًا للمَعرِفةِ يَـنْشُرُها في طولِ البِلادِ وعَرْضِها.

المَرْصَدُ الفَلَكِيّ

القِسْمُ الأخيرُ مِنْ بَيْتِ الحِكْمةِ هو «المَرْصَدُ الفَلَكِيّ». المَرْصَدُ الفَلَكِيُّ هو اسْمٌ لِمَوْقِعٍ في مِنْطَقةِ الشّمّاسِيّةِ في شَمالِ بَغْداد.

أَسَّسَهُ الخَليفةُ المَأمونُ لِدِراسةِ عِلْمِ الفَلَكِ والأرضِ والقَمَرِ والنُّجومِ. يُعْتَبَرُ أَوَّلَ مَشْروعٍ لِدِراسةِ الفَلَكِ في الحَضارةِ العَرَبِيّةِ والإسْلامِيّة.

اسْتَعْمَلَ العُلَماءُ المَرْصَدَ لِدِراسةِ الفَلَكِ ولِرَصْدِ الفَضاءِ والكَواكِب.

كَما أُجْرِيَتْ فيهِ بُحوثٌ عنِ الأَرْضِ، وحَجْمِها، وحَرَكَتِها، وعنِ الرِّياحِ والأمطارِ ورَسْمِ الخَرائِط.

تَمَّ، في المَرْصَدِ، اخْتِراعُ بَعْضِ الأجْهِزَةِ الفَلَكِيّةِ. اِخْتَرَعَ العُلَماءُ «الأَسْطُرْلاب»، وهو آلةٌ فَلَكِيّةٌ لِقياسِ ارتِفاعِ الشَّمسِ.

«الأَسْطُرْلاب» آلةٌ فَلَكِيّةٌ قَديمةٌ مُخْتَرَعةٌ في مَرْصَدِ بَيْتِ الحِكْمة

اِختَرَعَ العُلَماءُ أيضًا أجْهِزَةً لِقِياسِ الأبْعادِ الجُغرافِيّةِ والزَّوايا.

وَضَعَ الفَلَكِيّونَ أبْحاثَهُم في كُتُبٍ مَحْفوظَةٍ في بَيْتِ الحِكْمة.

أمَلي أن تَسْتَفيدَ الأجيالُ القادِمةُ، يَوْمًا ما، مِنْ هذه الكُتُبِ والبُحوث.

بَيْتُ الحِكْمة

المَكْتَبة

البَحثُ والتَّأليفُ والتَّرجَمة

المَدْرَسة

المَرْصَدُ الفَلَكِيّ

أفكار واقتراحات

الأهداف:

- التعوّد على قراءة نصّ وثائقيّ وتاريخيّ بطلاقة.
- استخدام قائمة المحتويات للعثور على المعلومات.
- التعرّف على الأفعال المبنيّة للمجهول.
- قراءة المزيد من الكلمات الشائعة بدون تشكيل.

روابط مع الموادّ التعليميّة ذات الصلة:

- مظاهر الحضارة العربيّة.

- تأكيد أهمّيّة حبّ العلم والمعرفة.
- إدراك أهمّيّة تنوّع المعارف في إثراء الثقافة.

مفردات شائعة في العربيّة: طبيب، بيت، مدرسة، مكتبة، مدينة، كُتُب، عالِم/عُلماء

مفردات جديرة بالانتباه: وُلِدَ، شَيَّدَ، تَأَسَّسَ، تَرجَمَ، اِختَرَعَ، خليفة/خلفاء، التجليد

عدد الكلمات: ٦٥٠

الأدوات: انترنت

قبل القراءة:

- ماذا ترون على الغلاف الخارجيّ للكتاب؟ صفوا الصورة.
- هيّا نقرأ العنوان معًا.
- متى تأسّس "بيت الحكمة"؟

أثناء القراءة:

- انظروا إلى قائمة المحتويات في الصفحة الأولى. في أيّ صفحة سنجد بعض المعلومات عن مكتبة "بيت الحكمة"؟